AF262271

L'EMPIRE

MEXICAIN

ET

SON AVENIR

CONSIDÉRÉ

AU POINT DE VUE DES INTÉRÊTS EUROPÉENS

PARIS

E. DENTU, LIBRAIRE-ÉDITEUR

Palais-Royal, galerie d'Orléans, 17 et 19

—

1865

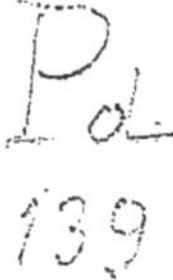

L'EMPIRE MEXICAIN

ET

SON AVENIR.

Nous considérons l'Empire mexicain comme un fait accompli. Il est donc inutile de redire tout ce qui a été dit sur l'expédition à laquelle ce fait est dû. Une approbation motivée de cette entreprise, qui a atteint son but, serait aussi superflue que sont stériles les récriminations rétrospectives de ceux qui y étaient opposés. Ce qu'il importe d'examiner à l'heure qu'il est, ce sont les conditions de stabilité et de prospérité de cet empire naissant; ce sont les garanties de paix au dehors, de concorde à l'intérieur, qui rendent ces conditions solides et fécondes; ce sont enfin les éléments de richesse qui, exploités avec intelligence et activité, placeront ce pays, favorisé entre tous, au premier rang des relations commerciales de l'Europe.

Il n'est rien de tel, pour se former une opinion éclairée sur un sujet quelconque de la nature de celui qui nous occupe, que de se méfier des exagérations de l'engouement, comme de celles d'un pessimisme suggéré par des passions politiques ou par des craintes mal raisonnées.

Nous essayerons de suivre cette méthode et de juger avec le calme d'un désintéressement complet, en appuyant notre jugement sur des arguments logiques, plutôt que sur des assertions dont l'exactitude est toujours facile à mettre en doute.

Le nouvel Empire mexicain offre-t-il des conditions sérieuses de stabilité? Nous en sommes convaincus, et voici sur quoi nous basons cette conviction. Les tiraillements déplorables dont le Mexique a été le théâtre depuis plus d'un demi-siècle, n'ont jamais été les effets d'un esprit national rétif à toute idée d'ordre et de bonne organisation, comme on pourrait le supposer. Les causes en sont bien plutôt dans le manque d'idées arrêtées, l'indolence et l'absence de tout esprit d'initiative qui font d'une nation le jouet d'une fraction turbulente, dont quelques meneurs ambitieux, plus audacieux que capables, se font un instrument pour jouer à ce jeu de bascule politique d'*ôte-toi de là que je m'y mette,* qui ruinerait le pays le plus florissant et qui rend tout progrès impossible. Il nous suffit de savoir que, depuis l'époque où le Mexique a secoué définitivement le joug de l'Espagne, et s'est déclaré indépendant, deux cent quarante révolutions ont fait chasser le pouvoir politique, comme un volant, de raquette en raquette, pour en conclure qu'une perturbation aussi continuelle ne saurait être le fait d'une nation, fût-elle même de l'humeur la plus inconstante et la plus belliqueuse, et nous verrons tout à l'heure que tel n'est pas le caractère général de la population mexicaine. Si, au moment de sa déclaration d'indépendance, le Mexique avait rencontré pour diriger ses destinées un homme intelligent et intègre, au lieu d'un intrigant vulgaire qui croyait que l'audace suffisait pour suppléer au savoir, sinon au génie, le Mexique serait peut-être, à l'heure actuelle, à l'apogée de sa prospérité.

Mais l'Empire d'Augustin Ier et dernier (1821) n'était qu'un pastiche mal réussi d'un exemple dû à un génie exceptionnel, et cette expérience d'un an ne prouve nullement que l'esprit national mexicain ne saurait s'accommoder de l'unité qui est l'expression la plus rationnelle du principe démocratique, désormais inséparable du droit de la société moderne.

Les désordres continuels qui, depuis les quarante années suivantes, ont agité ce pays au point de désorganiser tous les rouages sociaux, le peuple mexicain les a subis avec une faiblesse et une indolence déplorables; il ne les a ni faits ni provoqués.

On peut donc admettre avec quelque raison qu'il était arrivé à ce moment où l'homme le plus patient se lasse d'un état désagréable qu'il supportait malgré lui; et qu'il a accueilli, avec une satisfaction plus ou moins ouvertement manifestée, un homme capable et énergique représentant les principes d'ordre et de liberté qui seuls peuvent conduire les nations dans la voie de la civilisation et du bien-être.

La stabilité du nouvel Empire trouve donc là une condition générale très-favorable.

Mais elle serait peut-être insuffisante, si les mêmes éléments de perturbations d'un côté, et la même apathie de l'autre, devaient continuer à subsister.

Ici, encore, nous démontrerons qu'un changement très-rassurant s'opérera par la logique des choses.

La population mexicaine se compose de *huit millions* d'habitants environ, dont les Indiens forment à peu près la moitié.

L'autre moitié se subdivise en 1,500,000 colons d'origine espagnole, et en 2,500,000 hommes de sang mêlé.

A cette population il faut joindre une douzaine de mille Européens et Anglo-Américains, dont l'influence est d'autant plus grande que, grâce à leur activité et à leur intelligence, les industries les plus considérables se trouvent entre leurs mains.

Cette fraction de la population, étant par cela même fortement intéressée à soutenir un gouvernement qui lui assure des conditions de sécurité absolue, forme, quoique en petit nombre, un secours précieux pour la régénération du Mexique.

La race indienne, à l'exception de quelques tribus nomades du Nord, est facile à contenter et à conduire. Nous dirons plus. Lorsqu'une application sincère des principes démocratiques de la société moderne aura relevé cette antique race de l'avilissement où l'a plongée l'abominable système d'oppression dont la tradition ne s'est que trop conservée chez les colons espagnols, nous sommes persuadés qu'elle coopérera de la manière la plus intelligente au développement d'une nouvelle prospérité du pays de ses ancêtres.

Les Indiens sont d'un naturel doux, d'un esprit peu enthousiaste, mais droit et logique, et d'un tempérament vigoureux. Il n'est pas douteux pour nous que, sous l'influence d'une législation équitable et sage, ils reprendront la valeur qui les avait jadis conduits à un si remarquable degré de civilisation.

Quant aux intérêts et aux aspirations de la race blanche, il nous semble qu'il sera facile d'y répondre, en inaugurant au Mexique cette ère d'activité qui, sous l'impulsion de la science, a vu faire à la société européenne depuis un tiers de siècle des pas de géant dans la voie du progrès.

La partie passionnée et turbulente de la nation, qui usait son énergie dans ces luttes insensées dont un pouvoir éphémère était le stérile but, portera, on peut le supposer, cette même ardeur dans les entreprises utiles qui ont pour objet l'extension de la prospérité publique.

Les ambitions individuelles qui s'agitaient en vue de la puissance suprême, et qui ne pouvaient se résoudre à abandonner leurs prétentions respectives devant des prétentions rivales, pourront abdiquer, sans sacrifier leur amour-propre, devant un pouvoir central qui est plutôt un principe qu'une personnalité.

Les capacités qui, en se jalousant et en se combattant, occasionnaient les maux qu'entraîne le désordre, deviendront des instruments de progrès le jour où, au lieu de s'entre-choquer, elles apporteront, dans les différentes branches de l'organisation sociale, le concours de leurs lumières spéciales.

La question de stabilité politique résolue, la prospérité croissante ne saurait être un objet de doute pour personne. Ce qui a manqué au Mexique, ce ne sont pas les sources de richesse, ce sont les moyens d'y puiser ; or, ces moyens, qui étaient introuvables pour un pays bouleversé, en proie à tous les désordres, afflueront dans un État régulièrement administré, sagement dirigé, intelligemment organisé.

Que faut-il au Mexique ? Un crédit suffisant pour mettre en mouvement l'industrie, qui exploite et multiplie les ressources naturelles ;

Une impulsion vigoureuse donnée à toutes les branches de l'industrie nationale ; une organisation prompte et bien calculée des moyens de circulation des produits.

Or, pour un gouvernement intelligent et plein de bon vouloir, il ne faut qu'un peu de temps pour réaliser ce programme, surtout dans un pays aussi favorisé que l'est le Mexique.

A l'intérieur donc tout est favorable à l'accomplissement de la glorieuse tâche dont l'empereur Maximilien a pris l'initiative avec une fermeté et une modération qui rallieront autour de lui tous les partis.

En est-il de même à l'extérieur ?

La crainte d'une guerre suscitée par les États-Unis dresse ici l'oreille avec inquiétude. La déclaration Monroë est rappelée à notre souvenir. Les armées désormais sans occupation des États-Unis nous sont montrées comme prêtes à se jeter sur le jeune Empire comme sur une proie facile.

Tout au moins nous menace-t-on de bandes de flibustiers qui viendront fomenter le désordre dans nos provinces de frontière.

Nous avouons que ces prétendus dangers ne

sauraient nous émouvoir. — Ce sont des fantômes qui s'évanouissent devant la lumière du simple bon sens.

D'abord nous ne reconnaissons pas à la déclaration Monroë une portée aussi absolue que celle qu'on lui attribue un peu gratuitement, afin d'y trouver un prétexte d'inquiétude. Mais eût-elle même cette portée, les États-Unis ne sont plus à temps pour réclamer, à moins de vouloir chercher une querelle rétrospective à la France, à l'Angleterre et à l'Espagne, qui se sont permis d'aller appuyer par les armes des réclamations légitimes auxquelles elles n'avaient pu faire droit par la voie diplomatique.

Une pareille supposition n'est-elle pas dénuée de toute vraisemblance?

Les Américains des États-Unis sont une nation trop pratique et trop raisonnable pour se lancer de parti pris dans une telle aventure.

S'en prendront-ils à l'Empire mexicain directement, en lui cherchant une mauvaise querelle? Mais à propos de quoi? Sous quel prétexte? Et surtout dans quel but? Dans quel intérêt?

L'Empire mexicain existe désormais par la

volonté librement exprimée de la partie la plus saine et la plus sage de la nation. Or les États-Unis, sous peine de mentir à leurs principes, ne sauraient contester à un peuple libre le droit de disposer de ses destinées. — Suppose-t-on qu'une pensée de conquête les poussera vers le Mexique? Mais oublie-t-on donc que la guerre de 1847 a mis ce pays à leur disposition et qu'ils n'ont pas voulu profiter de leurs avantages? La preuve de notre dire, c'est que l'échange des États de Californie contre une indemnité de 75 millions de francs, qui a été à cette époque une clause du traité de paix, n'est pas le fait d'une exigence de conquérant, car c'est en hésitant beaucoup que le sénat américain a sanctionné cette annexion de nouveaux territoires dont les États-Unis n'avaient que faire.

La guerre qu'on semble redouter n'est donc qu'un danger chimérique, et lorsque dans ces derniers temps les Américains du Nord ont exhibé parfois les termes de la déclaration Monroë, nous y avons vu bien plus un argument en vue d'empêcher la reconnaissance des États du Sud par l'Europe, qu'une menace à l'adresse du nouvel Empire mexicain.

La récente déclaration de M. Seward, au su-

jet du principe de non-intervention à observer
après la conclusion de la paix, est venue confir-
mer la justesse de nos prévisions. Du reste il ne
faut pas perdre de vue que les tendances, les
idées et les mœurs de la race anglo-saxonne
sont tellement différentes de celles des habitants
du Mexique, mélange de la race latine avec l'élé-
ment indien, que le Mexique n'eût jamais pu
devenir pour les États-Unis qu'un embarras au
point de vue de la législation et de l'homogé-
néité des institutions.

Quant à des tentatives d'invasion par des
aventuriers que la dissolution des armées des
États-Unis mettrait en disponibilité avec des
habitudes guerrières contractées dans ces derniers temps, nous n'y croyons pas, et voici pour-
quoi :

D'abord il nous paraît difficile d'admettre
qu'après la longue et déplorable lutte dont la
fin matérielle ne fera pas cesser les conséquen-
ces morales, les États-Unis puissent revenir
avant bien longtemps à leur système mili-
taire d'avant la guerre. Ils seront obligés tout
au moins de tenir sur pied des garnisons
nombreuses, qu'ils formeront naturellement
et de préférence de ceux de leurs soldats

actuels qui, ayant pris goût au métier des armes, demanderont à le continuer.

Ensuite, si l'on considère que les dernières levées de troupes se sont faites surtout parmi les classes aisées, travaillantes et établies, on acquiert la certitude que la majeure partie des armées actuelles, loin d'être disposée à courir les aventures, aspire à rentrer dans ses foyers et à reprendre ses travaux productifs, qu'elle n'a abandonnés que pour aller remplir un pénible devoir. Le Mexique ne rencontrera donc, nous en sommes convaincus, aucun obstacle insurmontable dans la voie où il vient d'entrer, et le guide intelligent qu'il s'est donné n'a qu'à poursuivre l'œuvre de régénération, sans se préoccuper d'autre chose que des meilleurs moyens à employer pour que la nation mexicaine puisse rattraper le temps perdu et rejoindre les peuples qui forment l'avant-garde du progrès.

Les éléments d'une prospérité extraordinaire y sont tellement abondants et si variés qu'on peut affirmer, sans être taxé d'exagération, que le Mexique est un des plus riches pays du globe. — Les conditions de tranquillité et de sécurité nécessaires au travail intelligent lui ont seules fait défaut. Ce n'est donc point sur les résultats obtenus pendant la période de désordre qu'on doit préjuger de l'avenir.

Comment pourrait-on se rendre compte des revenus probables qu'un gouvernement régulier eût pu réaliser même dans l'état imparfait où se trouvait l'industrie mexicaine?

Les changements continuels de politique causaient de tels désordres dans l'administration, que toute responsabilité et tout contrôle manquaient.

Le produit des douanes variait d'une année à l'autre, au hasard des circonstances. La contrebande s'exerçait pour ainsi dire ouvertement et impunément, souvent même de complicité avec les employés de l'État.

Un corps de quatre cents douaniers à peine était préposé à la surveillance de deux mille kilomètres de côtes ; ce détail peut donner la mesure de la bonne administration des revenus publics.

Dans de telles circonstances, aucune confiance n'était possible, nul crédit ne pouvait s'espérer. — Or, sans crédit, pas d'organisation, pas d'exploitation possible. — Les sources les plus abondantes de richesse restaient donc abandonnées et inutiles comme des trésors enfouis.

Maintenant, que l'on se représente ces mêmes sources vaillamment exploitées, avec l'activité intelligente disposant de tous les moyens puissants dont la science a doté le travail, et l'on verra se reproduire au Mexique le même spectacle grandiose qui s'est déroulé sous nos yeux en France depuis une douzaine d'années. C'est sur cette base qu'il faut mesurer notre confiance dans l'avenir brillant de ce beau pays, dont la prospérité rejaillira sur les intérêts européens, et surtout sur les intérêts français, qui récolteront ainsi les fruits de leur généreuse initiative.

Paris. — Imprimerie Ad. Lainé et J. Havard, rue des Saints-Pères, 19.